AF189481

*Ein Fenster hast du mir geöffnet*

# Originalausgabe

© 2019  Gisela Stumm

Herstellung und Verlag:
BoD - Books on Demand Norderstedt

*Layout*: Gisela Stumm
*Bilder*: Evita Gründler

Die Rechte an den Texten liegen bei Gisela Stumm
Die Rechte an den Bildern liegen bei Evita Gründler

ISBN 978 3 7494 3030 7

Bibliografische Informationen der Deutschen Nationalbibliothek:

Die Deutsche Nationalbibliothek  verzeichnet diese Publikation in
der Deutschen Nationalbibliografie; detaillierte bibliografische
sind im Internet unter www.dnb.de abrufbar.

Gisela Stumm

# Ein Fenster
# hast du mir geöffnet

## Lyrische Betrachtungen
## und Gedichte

Blick durchs Fenster

# Im Haus der Gedanken

Gefangen bin ich im Haus
der eigenen Gedanken,
der Ausgang versiegelt
das Fenster geschlossen,
nur durch die Scheiben
dringt sanftes Licht.

Ich schließe die Augen
und harre der Dinge
die kommen mögen.

Doch plötzlich berührt
mich ein Windhauch,
das Fenster ist offen,
die Tür angelehnt
und Helligkeit
durchflutet den Raum.

Vor mir breitet das Leben
die langen Arme aus.
Ich fühl' mich geborgen.

# Ein Fenster

Ein Fenster hast DU mir geöffnet,
damit ich meine Grenzen
besser sehen kann.
Hab' sie abgeschritten,
bin erstaunt,
das Terrain ist größer als ich dachte.

Mit nackten Füßen
maß ich staubbedeckte Pfade,
stieg über Steine,
die im Wege lagen,
lief glücklich über Blumenwiesen,
schwamm mutig durch das kühle Nass.

Den Berg erklommen
ließ ich den Blick
ins Weite schweifen.
Scheinbare Unendlichkeit.
Offenbarung
meiner Kleinheit.

Es lässt sich leben
in der für mich bestimmten Welt,
auch wenn der Fuß
an Grenzen stößt.
Doch bitte,
lass das Fenster offen.

# Blick durchs Fenster

Frischer Wind weht
durch das Fenster,
das du mir geöffnet hast.
In der Ferne winken Berge,
hoch im Norden weint das Meer.
Weit gerückt sind meine Ziele.
Sehnsucht hängt im Raum.

Zum Greifen nah dagegen
blüht meine kleine Wiese,
bunte Farben locken Falter an.
Die Sonne zaubert mir
ein Lächeln ins Gesicht.
Ein leiser Windhauch
schließt das Fenster zu.

# Blickwinkel

Jeder sieht ein Bild mit anderen Augen.
Entscheidend ist der Blick in alle Winkel,
denn Oberflächlichkeit ist nicht gewollt.
Der Künstler malt versonnen
für sich in seinem Augenblick.
Spiegeln wir uns selbst in der Empfindung,
ist das geheime Ziel erreicht.
Und dennoch die Erkenntnis:
Jeder sieht ein Bild mit anderen Augen.

# Auf dem Weg

Wieder geht die Sonne für dich auf,
wieder reicht das Leben dir die Hände.
Im Licht erkennst du deinen Weg,
nimm das Ungewisse mit in Kauf.

Es sind die Schuhe, die dich tragen,
du hast sie ausgewählt für dich.
Ob sie zu groß, zu klein
oder ob sie passend sind,
das weißt allein nur du zu sagen.

Verlier' das Ziel nicht aus dem Blick,
und geh' den Pfad mit Zuversicht.
Denn auf dem Weg, den du heut gehst,
da gibt es keine Umkehr, kein Zurück.

# Zwei starke Pole

Manchmal möchte ich die Welt umarmen,
manchmal lieber mich verstecken.
Einerseits hab ich mich entwickelt,
andererseits bin ich wie ein Kind.

Nein, ein Dauerzustand
der Gefühle gibt es nicht.
Es sind zwei starke Pole,
die mein Inneres zusammenhält.

# Selbstbetrachtung

Du bist nicht das, was andere von dir denken.
Du bist nur das, was du denkst zu sein.

Hier bündeln sich das Tun und Lassen,
die Gegenwart und das, was war.

Wird ab und zu dein Wille auch gebrochen,
du bleibst auf deinem Wege nur dir selber treu.

Für alle, die da glauben, dich zu kennen,
wirst du in Wirklichkeit ein Rätsel sein.

# Grenzen

Grenzen - Grenzen -
nichts als Grenzen!
Immer wieder neu
stößt du verzagt
an deine Grenzen.

Zu hoch der Berg,
zu schwer der Stein,
zu schwach die Kraft,
zu weit das Meer,
zu krank das Herz,
zu dünn die Haut,
zu lang die Nacht,
zu stark der Schmerz,
zu nah das Leid,
zu leer das Lied.

Fasse neuen Mut!
Glaube an die Kraft,
die in dir wohnt.
Dann öffnen sich
die Grenzen.

# Wahrnehmung

Wegbereiter
öffnen uns die Augen
für die Wahrnehmung
vieler Möglichkeiten
das Dasein zu gestalten
ein Bewusstsein zu entwickeln
Altes loszulassen
Schmerzen aufzulösen
und zugleich
die eigenen Grenzen
zu erkennen
und zu akzeptieren

# Aussicht ~ Einsicht

# Augen-Zauber

Augen zu und durch,
und dann das Licht
der Welt erblicken.
Große Augen
schauen kleine Augen an.
Was für ein Wunder!

Kleine Augen tasten sich
durch ihre Welt und staunen.
Sie werden lachen,
werden weinen,
werden uns Gefühle zeigen,
die das Dasein mit sich bringt.

Augen lieben dieses Leben
gern in kunterbunten Farben.
Nur manchmal ziehen sie sich
in ein tristes Grau zurück.
Dann schließen sie die Fensterläden
und betrachten ihre Welt von innen.

Und irgendwann bewegen sich
die Bilder hinter einem Schleier.
Dann ist der Optiker gefragt.
Er ist ein Magier besonderer Art.
Mit nur zwei kleinen Augengläsern
zaubert er die klare Welt zurück.

# Individuum

Er sieht mit anderen Augen
die Farben der Natur

Er riecht mit anderer Nase
die Düfte aus den Gärten

Er schmeckt mit anderer Zunge
die Kraft aus dieser Erde

Er hört mit anderen Ohren
den Gleichklang der Musik

Er fühlt mit anderen Sinnen
den Herzensstrom der Liebe

Er geht mit anderen Füßen
den Lebensweg des Glücks

Er ist wie du und ich
ein Individuum

## Das wahre Sehen

Wenn du mich siehst
und ich dich sehe,
seh'n wir uns nicht wirklich.
Erst die Nähe im Begegnen
lässt das wahre Sehen zu.

Wenn du redest
und auch ich mich äußern kann,
tauschen wir Gefühle aus,
die im Gleichklang
in dieselbe Richtung gehen.

Wohl gemeinte Worte können
unseren Wirkungskreis verändern,
sie berühren unsere Seele,
und wir seh'n die Welt
mit unserem Herzen gut.

# Wer bin ich

Für manche bin ich Engel,
für manche bin ich Teufel,
für manche bin ich Luft.

Es kommt auf den
Betrachtungswinkel an,
der sich stets verändert.

Wahrnehmung zerfließt
bei Verschmelzung
vom Gestern zum Heute.

Geht dann das Licht aus,
steht der Betrachter im Dunkeln.
Er fühlt nur sich selbst.

# Der Stein

Dieser Stein
in seiner Form
erweckt in mir
die Phantasie,
ihn nach meinem Sinne
zu gestalten.
Wird er sich
gefallen lassen,
dass ich ihn verletze?

Das Ur-Gestein,
es fragt nicht viel,
es ist durchzogen
von der Lebensweisheit
einer ganzen Welt.

So will ich etwas
Hand anlegen
und eine kleine Weisheit
für uns Menschen
besser sichtbar machen.
Und doch darf jeder
die von mir erschaffene
Skulptur aus Stein
mit anderen Augen sehen.

# In uns das Meer

Lebendig sind wir
wie das Meer,
der Ursprung allen Lebens.
Codiert sind wir
im Salz der Tränen.
Im Großen wie im Kleinen,
im Geben und im Nehmen
verändern wir die Welt,
wie das große Meer.

# Geprägt

Mit dem geprägten Wissen
aus der vergangenen Zeit
springe ich nicht
in ein fremdes Gewässer.
Es könnte am Rande
das Krokodil auf mich warten.
Ich nehme stattdessen
den weiteren Umweg in Kauf.

# Ansturm der Wünsche

Wünsche grasen wie Schafe
auf einer Weide der Begierde.
Öffne behutsam das Gatter,
lasse sie einzeln
an dir vorüber ziehen,
um sorgsam auszuwählen,
denn du bist diesem Ansturm
einer ganzen Herde
sicher nicht gewachsen.

# Einheit

Es ist die Sonne,
die uns beglückt.
Und auch der Schatten
gehört dazu.

Die Einheit erkannt
und sinnvoll gelebt
erleichtert den Weg
zur Vollkommenheit.

# Gedanken zum Auto-Leben

Fahr nur so schnell
wie dein Engel fliegen kann

Ein leerer Tank ist nicht der Tod
die Quelle liefert flüchtig Energie

Jede Fahrt zehrt an der Kraft
an dir und dem Vehikel

Der Schrottplatz ist sein Ende
Ersatzteil-Spender-Möglichkeit

‚Recycling' heißt das Zauberwort
da steigt der Phönix aus der Asche

Für die Blechlawine gilt nur
Augen zu und durch

Wege - Abwege - Seitenwege - Straße - Schnellstraße - Nebenstraße - Sackgasse - Hintergasse - Einbahnstraße - Bergstraße - Kreuzung -Kurve - Gefälle - Steigung - Baustelle - Umleitung - Unfall - Sperrung  Schlaglöcher - Engpass - Überschwemmung - Baum liegt quer - Schilderwald - Schranke - Schlagbaum - Passkontrolle - Stau - Asphalt geschmolzen - Dunkel ohne Licht - Hindernisse - Engpässe - Abbruchkante - Schnee und Eis - Steinlawine - Wildgefahr - Wanderdüne - Stopp and Go - Ausgebremst - Ohne Navigationsgerät - Fehlentscheidung - Korrigieren.
**„... Ach, es gäbe so viel mehr Vokabeln...“**

# Entscheidung

Hätte ich das eine
oder andere getan,
wäre nicht das eine
oder andere geschehen.

Ständig muss ich
mich entscheiden
und dem Leben
klare Antwort geben.

Das Tun und Lassen
verändert diese Welt.
Gefragt sind alle,
wir sind mittendrin.

## „Plan-Wirtschaft"

Der Plan von gestern
wird Plan von heute.

Der Plan von heute
wird Plan von morgen.

Den Plan von morgen
verweht der Wind.

Bedeutsam ist
das Hier und Jetzt.

Sei stark!
Pack's an!

# Einsicht für Aussicht

Irgendwann sagt das Leben:
Stopp! Bis hierher und nicht weiter.
Die Bilanz klärt auf.
Gemeint damit ist jedermann
in seinem eigenen Reich.

Die Einsicht meint:
Das Umfeld reduzieren,
damit der Mensch er selber bleibt.
Die Aussicht sagt:
Nur so wird man vom Druck befreit.

Das könnte sein:
Sich sinnvoll konzentrieren
auf die Zeit, die bleibt
im Hinblick auf den Ausklang
des Geschehens.

# Energie im Umlauf

Der Mensch besteht
nicht nur aus Fleisch und Blut,
er ist ein Individuum
aus voller Energie
mit unterschiedlichen Gefühlen.

Jeder hat in seiner eignen Zeit
einen Auftrag zu erfüllen.
Als Puzzleteilchen
lebt er im Gesamtkonzept.
Ob in der Mitte oder nur
am Rande der Gesellschaft,
das ist egal.
Es kommt hier auf die Ganzheit an.

Am Ende bleibt die Frage offen:
Wer steuert den Impuls?
In allen Sprachen dieser Erde
trägt er einen anderen Namen.
Er lässt leben, er lässt sterben,
holt sich die Energie zurück
und sagt zum wiederholten Male:
Es werde Licht!

Mittendrin

# Bilanzen

Was war
das war

Was kommt
das kommt

Das große Glück
der Augenblick

Ich darf leben
mittendrin

# Sinnvolles

Nimm die Sorge an die Hand
sonst lähmt sie dein Tun

Gib der Hoffnung großen Raum
sie erhöht den Mut

Sieh' im Leben einen Sinn
denn sein Kreislauf ist unendlich

# Schaffensphase

Aus der Ruhe erwacht,
unter Strom gestellt.
Der Mensch muss funktionieren.

Von innen der Druck,
um Spannung zu halten
für eine Phase
des großen Schaffens.

Der Mensch will sehen, fühlen,
allerhand begreifbar machen.
Ja, es muss so sein.

Die Leere des Akkus
zieht ihn zurück
an die vertraute Quelle
für sein Kraftpotenzial.

# Mensch als Land

Der Mensch ist wie ein Land
mal fruchtbar und mal steinig,
es kommt ganz auf die Lage an.

Er ackert, pflanzt und sät,
hat sich bemüht, fährt karge
oder reiche Ernte ein.

Ob Sonne oder Regensegen
mit Maß das Land beglücken,
liegt nicht in seiner Hand.

# Ein kleiner Infekt

Eben noch war alles gut.
Absolutes Wohlgefühl.
Dann plötzlich die Veränderung.
Im Sturzflug fallen
die Gefühle in die Tiefe.

Der Kopf, der schmerzt,
der Hals, der kratzt,
der Körper fröstelt,
die Nase läuft davon.
Der Puls schlägt schneller,
Fieber steigt.
Du fühlst dich so
wie durch den Wolf gedreht.

Nichts wie weg ins warme Bett.
Da hilft nur Augen zu und durch.
Gefragt sind Wollschal
oder Seidentuch.
Hausmedizin ist angesagt.
Noch bleibt der Doktor vor der Tür.

Nach Tagen grau in grau
ist der Himmel wieder blau.
Die Sonne lockt ins Freie.

Was der Infekt geschwächt hat,
baut sie wieder auf.

Der Hund des Nachbarn
stupst dich freudig
mit der Schnauze an,
als wollt er fragen:
Warst du weg?
Auf Urlaubsreise?
Und? War's schön?

# Kraft der Sehnsucht

Aus der Sehnsucht
nach dem Ziel
wird die Kraft geboren
für den langen Weg.

Alte Zweifel fallen ab
wie im Herbst das Laub.
Hoffnung auf das Wohlgefühl
nimmt neue Farbe an.

# Hin und wieder

hin und wieder
brauchst du Menschen
die dich auf dem Weg begleiten

hin und wieder
brauchst du Freunde
die dir eine Stütze sind

hin und wieder
brauchst du Worte
die dein Spiegelbild umrahmen

hin und wieder
brauchst du Stille
für die Reflektion des Lebens

hin und wieder
brauchst du Kreise
die dein Dasein fest umschließen

hin und wieder
fühlst du dich
als seiest du neu geboren

## Seitenwechsel

Ja, ich will,
sagt die eine Seite.
Nein, ich nicht,
sagt die andere.
Dann bekämpfen sie
den langen Tag.

Es tut gut,
nach Feierabend
das freudige Ergebnis
aller Arbeit zu bewundern,
sagt die eine Seite.

Es tut gut,
die Ruhe zu genießen
und im Nichtstun
sich zu sonnen,
sagt die andere.

Wenn beides gut tut,
lass uns tauschen,
sagen sich die Seiten
und geben sich
dem Schicksal hin.

Am nächsten Abend
stellen sie gemeinsam fest:
Nur der Wechsel
zwischen Tun und Lassen
erzeugt das wahre
Wohlgefühl.


## Erleichtert


Du drehst dich im Kreis
um die eigene Achse
und wagst keinen Schritt
in die große Weite
bis jemand kommt
und sagt: Genug!
Du öffnest die Augen,
verwirfst deine Fragen
und läufst erleichtert davon.

# Welt-Theater

Das Weltgeschehen
wie ein Theater
Rollenverteilung

Hinter Kulissen
die Blicke werfen
Leben begreifen

Taten vollbringen
Liebe erfüllen
Segen empfangen

Vor den Kulissen
dem eigenen Schicksal
von Herzen danken

# Sich verzetteln

Sich verzetteln in der Zeit
rückt das gefragte Ziel in weite Ferne.
Bevorzugt sind einhundert Kleinigkeiten,
die dem Leben Farbe geben,
die Erinnerungen wecken,
die Ideen neu verknüpfen.
Ab und zu ist das angepeilte Ziel
zum Greifen nah,
doch immer wieder
kommt irgendwas dazwischen.

So vergeht die Zeit,
bis sich plötzlich etwas ändert.
Das aufgeschobene Ziel
fordert nun sein Recht.
Am Ende war es nur
die kleine Überwindung
zu einem ersten Schritt,
dann geht es wie geschmiert.
Man verspricht sich selbst,
ein andermal nicht so lang zu warten.

# Ruf der weißen Taube

Meine Wohnung ist das Dach.
Von Euch gekürt zur Friedenstaube
gurre ich in eine Welt,
die mir oftmals taub erscheint.
Das zeigen uns Vergangenheit und Gegenwart.
Globaler Frieden entwickelt sich zur Utopie.

Gegensatz von Frieden ist die Feindschaft,
in Erweiterung sogar der Krieg.
„Wollt Ihr den totalen...?"
wurde Euer Volk einmal gefragt.
Viele haben JA gesagt,
aus Überzeugung, Unterwerfung oder Angst.
Das traurige Ergebnis ist bekannt.
Das soll sich nicht noch einmal wiederholen!

Kämpft um den Erhalt des Friedens in der Welt!
Er fängt im eigenen Herzen an,
ist Quelle und Geburt zugleich
und hat etwas zu tun mit LIEBE.

Jeder von Euch kann sich mühen,
sein eignes Leben friedvoll zu gestalten,
sich selber anzunehmen
mit all den Schwächen und den Stärken,
Andere und sich selbst zu lieben.

Der innere Frieden verlangt von Euch Entscheidung.
Ihr habt die Wahl: Egoismus oder Toleranz
und damit Akzeptanz des Fremden.
Alle seid Ihr kraftvoll eingebunden
in das Heldentum des Alltags.
Ihr habt die Chance zu leben
und seid ein Teil des großen Ganzen.

Mich, die weiße Taube,
habt Ihr ernannt zum Symbol des Friedens,
mein Abbild eingebaut in Euren frommen Segen.
Ich nenne ihn den Friedenswunsch für Herz und Sinn.

# Kleine Paradiese

„Macht euch die Erde untertan und mehret euch",
sagte einst der Gott zu seinen Kindern,
als er ihnen den Planeten anvertraute,
ein Wunderwerk aus Feuer, Wasser und Gestein.
Vermehrt hat sich die Menschheit in Geschwindigkeit,
jedoch getrennt durch Mutationen und Entfremdung.
Das Nahrungsangebot ist in Gefahr.
Das SOS im Meer wird lauter.
Die Erde stöhnt unter der Last der vielen Sünden.
Wenn unser Leben in den Seilen hängt,
ist jede Hand gefragt, die retten kann,
auch jeder Geistesblitz, um Neues zu erschaffen.
Allein der Glaube verwandelt nicht die Welt.
Tatkraft ist hier gefragt und Langmut
sowie Entschlossenheit für Veränderungen.
Ein ‚Offenes Geheimnis' ist bereits am Werk,
die Mutter Erde nach und nach
durch Mikroorganismen zu bereichern.
Die Gartenbauvereine halten ihren Atem an.
Schadlos werden Früchte reifen
und hunderttausend Rosen blühen.
Bereits heute wird uns vorgeführt,
dass es auf unserer großen Erde
auch kleine Paradiese gibt.

# Denkanstoß zur Biotonne

Und vergib uns unsre Schuld,
dass wir heut' bedenkenlos
Überflüssigkeiten und Gegartes
in die Biotonne kippen.

Einst lehrte uns die Not
aus Wenigem heraus
das punktuelle Kochen,
auch aus kleinen Resten
für die nächste Mahlzeit
eine leichte Tagessuppe
sowie mit Erfindungsgabe
neue Speise-Kreationen
auf den Tisch zu bringen.

Eier-, Obst-, Gemüse-Schalen
sind nicht der Lieblingsschmaus
von Fliegen oder anderen Insekten,
da sie zum Gedeihen
ihrer lieben Maden-Kinder
Besseres zur Auswahl finden,
denn der Duft desselben
führt sie direkt zum Ziel.

Ich schäme mich
für Menschen und Nationen,
die aus allen Nähten platzen
und zur Bewältigung des Bioabfalls
laut um Hilfe schreien.

Hungernde auf dieser Welt
sind ausgeschlossen.

# Zum Geburtstag

Wieder ist ein Jahr vergangen.
Ob Neujahr, Frühlingsanfang,
Sommer, Herbst und Winter,
der Tag des Registrierens ist egal.
Die Zeit, sie schreitet fort
und nimmt uns einfach mit.

Auch der Geburtstag ist nur eine Zahl.
Ihn in aller Stille zu begehen
oder in Geselligkeit zu feiern,
ist eine innere Entscheidung,
es kommt auf die Gefühle an und
auf das allgemeine Wohlbefinden.

Wichtig hier ist das Zusammensein,
die Familie nah zu sehen,
sich unter Freunden auszutauschen,
ein herzliches Willkommen spüren,
ein gutes Essen zu genießen,
und wieder einmal heiter sein.

Niemand weiß, was uns das Morgen bringt.
Wir wollen *heute* diesen Tag genießen
in fröhlicher Gemeinsamkeit.
Auf dem Programm steht kein Theater,
kein Konzert, einfach nur

das Miteinander und das Fröhlichsein.
Ich freue mich, dass Ihr gekommen seid.
(oder: Wir freuen uns, dass wir dabei sein dürfen)


## Einfach so

(für einen Freund)

Wenn ich dir begegne,
sehe ich nur dich,
nicht deine guten Taten.
Es ist der pure Mensch,
der aus dir spricht:
die Schwingung deiner Stimme
und ab und zu
verhaltenes Schweigen.

Manchmal in den Augen
dieser Schelm,
und manchmal auch
die Traurigkeit im Blick.
Doch immer wieder
überwiegt die Freude
über unsere Begegnung.
Einfach so.

# Zeit-Geschenk

Während sich die Blätter
in ihren Abschiedsfarben präsentieren
und die letzte Frucht am Baum
den Weg zu uns gefunden hat,
steigt bereits in die Regale
der liebe Weihnachtsmann
mit Pfeffernuss und Mandelkern.

Und überall ein Glitzerkram,
der sich wie Pilz-Myzele
durch die Straßen zieht.
Leute kaufen bei Beschallung,
Klingeling und Schneegeriesel
Überflüssigkeiten,
die hernach im Wege stehen.

Wer früh genug sich eingedeckt,
vermeidet Stress, wird suggeriert.
Und jedes Jahr die gleiche Leier.
Weihnachtswunscherfüllung
wird zur bittren Qual.
Hast Du darüber nachgedacht,
was wirklich fehlt und was zählt?

Schenk deinen Lieben etwas Zeit,
sie werden es dir danken.

Vielleicht nur ein Zusammensein
im vertrauten Kreise,
reden, lachen, fröhlich schmausen,
Herzenswärme spüren lassen,
mit und ohne Glockenklang.

Das besondere Angebot:
Der Empfang des Weihnachtsegens
ist für alle kostenfrei.

Der „INSELBOTE"
*von Spiekeroog*


Sachliche Berichterstattung
mit versteckten Emotionen,
Wanderer mit Blick nach vorn,
im Rucksack die Vergangenheit.

Hart erscheint das Leben ihm,
es erfordert ständig Mut,
sich auf unbekannten,
neuen Pfaden zu bewegen.

Kommunales fängt er ein,
modelliert Kritik mit Charme,
um Veränderungen seiner Insel
in neutraler Weise kundzutun.

Zwischen einem Auf und Ab
liebt er ebenso den Frohsinn
und das pralle Leben
seiner Gäste einzufangen,

mit seinen Bildern und
den sprudelnden Geschichten
die Lebendigkeit zu schildern,
diese lebenswerte Gegenwart,

von der die meisten hier
in bescheidener Weise profitieren
durch ihren Broterwerb
oder für ein Urlaubsglück.

Noch! So ruft er heute auf:
Schützt unsre Insel mit Vernunft!
Verhindert ihren Ausverkauf
an kapitale Investoren!

Genießt das große Wunder
der Natur, diese kleine,
zauberhafte, grüne Insel
im facettenreichen Meer!

## Zwischen Wachen und Träumen

Kennst du das auch?
Du gehst müde ins Bett und
kannst trotzdem nicht schlafen.
Du siehst keinen Grund,
dir tut auch nichts weh.
War es zu viel Kaffee?
Oder vielleicht
versteckte Sorgen?
Zu deinem Glück
kein Schnarcher im Raum.
Du lauschst beruhigt
dem Atem des Liebsten
und fühlst dich geborgen.

Warum geh'n Gedanken
des nachts spazieren
anstelle zu ruhen?
Du öffnest die Augen,
siehst helle Konturen,
du denkst erschrocken
die Nacht sei vorbei,
du hast das Gefühl,
als hättest du bisher
noch nicht geschlafen.
Zu allem Unmut
fordert die Blase ihr Recht.

Erleichtert gehst du
durch halbhelle Räume
und bleibst dann erstaunt
am Südfenster stehn.
Freundlich begrüßt dich
ein kreisrunder Mond.
Du blickst auf die Uhr,
es ist erst halb zwei.
Jetzt ruft die Vernunft
dich zurück in das Bett.
Hinter geschlossenen Augen
erstrahlt schemenhaft
das gerundete Wunder.
Vermeintliche Sorgen
werden ganz klein,
der Tag wird sie richten.
Und stiller Friede kehrt ein.

# Der Nachtzug

Nach Ablauf jeden Tages
rollt das Geschehen
wie ein Güterzug an dir vorüber.
Gefüllt sind die Waggons
mit Freud und Leid.

Manchmal zischt
ein schneller ICE an dir vorbei.
Dann wieder hörst du
ein anhaltend dröhnendes
Rattata, Rattata, Rattata.

Du zählst die Wagen auf dem Gleis.
Einige von ihnen sind geschlossen
und verbergen ihre Last,
andere lassen dich ins Innere sehen,
denn sie transportieren offen.

Ist der Zug an dir vorbei gerauscht,
dankst du deinem langen Tag,
- so wie er war -
für die Sonne, für den Regen,
für die Liebe, für dein Leben.

„Hab' eine gute Nacht",
hörst du eine Stimme sagen.
Wenn sich die Schranken öffnen,
gleitest du hinüber
in das weite Land der Träume.

Schlüssel zum Herzen

## Tür des Herzens

Die Tür ist zu

Der Eine drückt
der Andre zieht
vergeblich

Der Dritte hat
das Schlüsselwort
gefunden

das Herz geht auf


## Fluss der Liebe

Suchst du nach dem Quell der Liebe
öffne dich dem Schöpfer dieser Welt

Er lässt Liebe durch die Herzen fließen
und fängt sie am Ende wieder auf

Herzensliebe ist ein Phänomen
auf himmlischem Niveau

# Ätherisch

Flüchtig sind die Tage
der Glückseligkeit

Atme ein
den süßen Duft der Rosen

und gib den Sinnen Raum
für die Erinnerung

# Neu entfacht

Das Leben ausgereizt
einen Berg erklommen

den tiefen Sprung gewagt
in das offene Fallnetz
der Gedanken

das Leben neu entfacht
in der Liebe Namen

# Glanz des Morgens

Der Morgen breitet seine Flügel aus,
er schwingt sich in den jungen Tag,
die Sonne kommt am Firmament heraus
mit ihrem Glanz, den ich so mag.

Schrecken dieser Nacht lässt sie verblassen,
sie duldet Kummer nicht und Leid,
sie will uns beide leben lassen,
uns heben aus der Dunkelheit.

Liebevoll in deinen Armen
hüllst du mich beschützend ein.
Wir beide hoffen auf Erbarmen,
wir wollen lange glücklich sein.

# Ganz bei dir

So zerbrechlich ist mein Leben,
mal die Knochen, mal das Herz,
das Gemüt im tiefen Keller,
und die Seele
schweigt sich aus.

Du bist meine Lebenswende.
Deine Liebe macht mich stark,
denn sie lässt mich
ganz neu fühlen:
ich bin hier - ganz bei dir.

# Glücksmomente

Wenn die Vögel tirilieren,
der Wind wellenförmig
durch das junge Kornfeld zieht,
ein leises Meeresrauschen
meine Unruh' glättet,
wenn die Wärme deiner Hand
durch meinen Körper fließt,
das sind Glücksmomente
meines Lebens.
Ich halte sie im Herzen fest,
da sie flüchtig sind.

# Liebes-Leben

Liebe spaziert
durch die Augen
ins bebende Herz
Dort agiert sie
in blindem Vertrauen
bis ihre Leidenschaft
himmlisch verglüht.

# Spielwiese

Versäumt ist versäumt.
Unwiederbringlich die Zeit.
Der Wind singt sein Lied.

Die Sinne erfinden sich neu.
Spielwiese lädt ein
zum Tanz der Gefühle.

Mit einem Male
ist es wie früher.
Leidenschaft und Gänsehaut.

# Samtweiche Nacht

Eine Nacht
samtweich
ohne Licht
ohne Schatten
offenbart Gefühle
ohne Namen

Ein Zustand
der Schwebe
schwerelos
gleiten
kein Ziel
in Sicht

Verflogen
in Illusionen
dennoch
die weiche
Landung
in deinen Armen

# Im Namen der Liebe

Mal ganz ehrlich,
ein böses Wort tut weh,
ein heftiger Streit
bringt das Leben ins Wanken,
ein Schlag ins Gesicht
zerbricht die Gefühle.
Der Scherbenhaufen lässt sich
nicht ohne Spuren verkleben.

Einige sind der Ansicht,
das Beste von allem
sei die Versöhnung danach.
Ist sie das wirklich?
Muss erst ein Streit eskalieren,
um sich selber wieder zu finden?
Erwünscht ist irgendwann
ein mutiger Neubeginn.

Toleranz und Diplomatie
als Mittel zur Wahl
halten ungleiche Standpunkte
in der Balance.
Die wahre Liebe dagegen
ist unantastbar.
Nur ihr gelingt es wirklich,
dauerhaft in Frieden zu leben.

*Bewusstsein*

# Bewusstsein

Im geöffneten Bewusstsein
offenbart sich die Struktur des Lebens
hier empfängst du die Signale
für das eigene Tun und Lassen
hier bekommen Sünden ihre Namen
und die kleinen guten Taten
zieh'n das Gewand der Demut an

# Entfaltung

Der Bewusstseinszustand
eines Menschen öffnet sich
wie eine Rosenknospe sich entfaltet
nach und nach
Blatt für Blatt
bis sie in ihrer Offenbarung
die Vollkommenheit erreicht

# Schicksalsgesetz

Es ist wie es ist
ich bin wie ich bin
es kommt wie es kommt

das Schicksalsgesetz
verweist auf die Grenzen

Bewusste Wahrnehmung
stärkt die innere Haltung
zu unserem Leben


# Bewusstes SEIN

In meinem SEIN versteckt sich BIN.
Und wenn ich bin, darf ich auch sein.
Ummantelt ist das BIN vom SEIN.
Bewusstes SEIN
umschließt mein BIN zu aller Zeit.

*(Der Philosoph **Descartes** schrieb:
„Je pense, donc je suis."
auf Deutsch: „Ich denke, also bin ich.")*

# Gemeinsam wirken

Dein Abwehrmechanismus
kommt ab und zu ins Wanken
und du verfällst ins Grübeln.

Mit Leib und Seele das Leid
der ganzen Welt zu fühlen,
öffnet das Bewusstsein
für die Lebensformen der Gesellschaft,
die am Hungertuche nagt.

Du allein kannst
diese Welt nicht retten.
Nur gemeinsam im Detail
ist das Wirken nützlich.

## Positives Denken

Einfluss auf Gedankengänge
ist Jonglieren mit Gefühlen.

Zur meisterlichen Leistung
gehört das positive Denken.

Eingebettet ist die Hoffnung
auf ein gutes Ende.

Erweitertes Bewusstsein schenkt
Vertrauen für die Zukunft.

## RUNDE der Inspiration

Wir sind Menschen
auf der Suche
nach dem Sinn
des Lebens
und gemeinsam
auf dem Wege
zum erhofften Ziel

# Höhenflug

Nimm mich mit
auf deinem Höhenflug,
nur ein kleines Stückchen.
Ich möchte gern, wie du,
die Welt von oben seh'n,
sekundenlang Impulse spüren
für die Sicht auf unser Leben,
will begreifen lernen
die vielen Perspektiven,
um sie in meinem Herzen
als ein Ganzes zu vereinen.
Nimm mich mit
auf deinem Höhenflug.

# Im Reich der Lebensträume

Der Astrologe wandelt gern
in seinem Sternengarten
zur Offenbarung aller Lebensquellen.

Viele fühlen sich getragen
vom genialen Schöpfer
des grandiosen Universums.

Der Ökologe sieht den Globus
als Gesamtwerk und legt
seine Finger in die Wunden.

Verfechter der Naturheilkunde
und der Ganzheitsmedizin
formen Zukunftswege.

Die Heilerin verströmt
Impulse für Gesundung
aus dem Fundament der Lebenskraft.

Manche üben sich
im Selbstbewusstsein und
leben ihre eigene Bestimmung.

Am Ende sind sie alle gleich:
Sie wollen uns die Augen öffnen
für unseren Wirkungskreis.

Der braucht zum Leben Gegensätze,
die sich ganzheitlich vereinen
durch Verschmelzung.

Geträumte Lebensräume
eröffnen neue Dimensionen.
Aufgepasst: Wir sind mittendrin!


*Für Wolfgang, Lara, Theo,*
*Jürgen, Franz, Daniela, Harry, Reto, Folker und viele andere*

# Wer wohnt im DU?

Ist es der Mann
oder das Kind?
Ist es der Freund
oder der Wind?

Ist es der Krieg
oder der Frieden?
Ist es die Liebe
oder Geschieden?

Ist es das All,
das in uns wohnt?
Ist es der Gott,
der über uns thront?

Es ist die Summe des Ganzen,
die sich in einem DU vereint,
es ist unseres Lebens
tiefes Bewusstsein gemeint.

# Weg zum Ziel (I.)

Der Weg ist nicht das Ziel
er lenkt dorthin
als ein sich
wandelndes Geschehen
das zur Ganzheit führt

# Weg zum Ziel (II.)

Der Weg ist nicht das Ziel,
er führt dorthin,
bedeutet reifen
für den Höhepunkt
der eigenen Sache
und der Befindlichkeiten.

Ist der Punkt erreicht,
hat das Bewusstsein sich
am Horizont erweitert.
Dahinter warten
zielgerichtet Möglichkeiten
für einen neuen Weg.

# Endlose Weite

Danke

für den weiten Himmel
in dem der Erdball schwebt

für die weiten Meere und das Land
zur Erhaltung unserer Art

für die Weite meines Lebens
als besonderes Geschenk

für das große weite Herz
meines Allerliebsten

für erweiterte Gedanken
zum Öffnen des Bewusstseins

für die Verheißung einer Reise
in die Weite der Unendlichkeit

Danke

# Zurück ins Innere

Im Bewusstsein
geht der Anfang
mit dem Ende
Hand in Hand

Lebensträume
wechseln ihre Farben

Lebensräume
dezimieren sich
auf einen Punkt

Hinterm Horizont
wohnt die Erinnerung

Im Bewusstsein
fest verwurzelt
weilt die Hoffnung
auf den Wandel

# Besinnliche Momente

# Ganz bei mir

In meiner Hängematte
träume ich mich
mit geschlossenen Augen
in die Kinderzeit zurück.

Meine Wiege,
die durch Mutters Hand
ins Schwingen kam,
war das Himmelchen
in meiner ersten Zeit.

Dies Hin und Her
und Her und Hin,
dazu ein Schlummerlied,
das ließ mich meine
kleine Welt vergessen.

Die Hängematte pendelt
leis' im warmen Wind.
In der Tiefe meines Herzens
bin ich ganz bei mir.

# Wie eine Welle

Mein Leben fühlt sich an
wie eine Welle
im Hoch und Runter
Auf und Ab
im Wechsel der Gezeiten

wie eine Welle
manchmal hoch getürmt
die in sich selbst zerfällt
und sich wehrlos
mit dem Meer vereint

wie eine Welle
die in anderer Form
wieder aufersteht
und mit starker Energie
zu neuen Ufern strebt

# Selbstlos

Für alle da sein, Tag und Nacht,
winterfest und schmerzensfrei,
dabei ganz sich selbst vergessen.
Niemand fragt nach den Gefühlen.

Für alle da sein, Wege ebnen,
leuchtend Feuer in der Nacht.
Ausgebrannt ist schnell die Seele,
die nicht an sich selber denkt.

# Schlag des Schicksals

Wieder hat das Schicksal
zugeschlagen,
wieder hat es dich erwischt.

Schmerzen sind
des Menschen Los,
und sie prägen dein Gesicht.

Zeit zerrinnt, alles fließt,
eines Tages strömt zurück
das ersehnte Wohlbefinden.

# Gleichgewicht

Gläubige Versenkung
reinigt unsre Seele
und schafft neuen Raum
für unsre Hoffnung.
Sie bringt unser Leben
in ein Gleichgewicht.

# Nicht im Dasein

Du läufst
dem Leben hinterher
und sammelst auf
was es verloren hat
deine Vergangenheit

Du lebst nicht
im Bereich der Zeit
denkst nur an morgen
verworfen hast du
deine Gegenwart

Du träumst dich
in die Möglichkeit
lebst in der Phantasie
und stolperst weltfremd
in die Zukunft

# Fallen aus den Wolken

Aus den Wolken fallen
auf der Erde landen
Nackenschlag erdulden
Resultate prüfen

Vieles schien umsonst zu sein
denkt der Mensch
an manchen Tagen
gewogen und zu leicht befunden

Plötzlich hängt er seine Fahne
wieder in den Wind
und das ganze Spiel
beginnt von vorn

bis zum neuen Fall
in die eigene Unterwelt
dort wartet er erneut
auf die Erlösung

# Wirbelsturm im Leben

Das Leben
fühlt sich manchmal an
wie ein starker Wirbelsturm,
der alles mit sich reißt,
was ihm im Wege steht.
Bäume fallen,
Dächer fliegen,
und es regnet.

Nach dem Brausen
Totenstille.

Verschüttet Hab und Gut.
Überall verstreute Scherben.

Ein kleines Wesen
kriecht aus seiner Höhle,
die ihm Schutz
geboten hat.
Es wandert in den Tag
in Richtung Süden
mit Dank fürs Überleben
und Hoffnung im Gepäck.

# Geschafft

Das Ziel erreicht,
mit leisem Stolz
und großer Dankbarkeit.

Der Weg war lang
und manchmal steil,
doch zielgerichtet
wuchsen Mut und Kraft,
empfangsbereit
für jeden Sonnenstrahl,
der durch die Wolken fiel
und dem Herzen Wärme gab.

Wenn dunkle Schatten
sich wie graue Schleier
um die Seele legten,
öffnete sich plötzlich
eine Tür zur Offenbarung,
und still verhalten
drang neue Zuversicht
ans Licht.

Ist ein Ziel erreicht,
erwartet uns bereits ein neues.
So ist der Antrieb
unseres Lebens,

immer in Bewegung, diese Welt,
- eingebettet in den Sternenhimmel -
und die niemals stehen bleibt.

Das größte Ziel im Leben ist
dem eigenen Dasein
einen Sinn zu geben.

# Himmlische Impulse

## Sicht-Veränderung

Jede Welt dreht sich im Kreis
verlässt sie ihre Laufbahn
verändert sich die Sicht
im Kleinen wie im Großen
und es beginnt der Sternenflug
in größeren Dimensionen

## Klarheit

Nicht immer
sind die Wege eben,
nicht immer
scheint ein helles Licht.

Der Himmel über dir
beleuchtet deine Seele.
Nur Herzensliebe führt
zum Ziel der Klarheit.

# Sternschnuppe

Ein himmlischer Impuls
stieß einen fernen Stern
in seine Umlaufbahn.

Der Volksmund sagt:
„Du kannst dir etwas wünschen."
Der Glaube daran wird verglühen
wie das schnelle Feuer.

Zurück bleibt das berührte Herz,
das einen Funken in sich trägt
zum Zünden seiner Hoffnung.

## Seelenwege

Ein Körper ist nur
die Ummantelung der Seele,
die ihre eigenen Wege geht.

Sie nährt sich aus Gefühlen
und Gedankengut.

Ihr Wachstumstrieb
führt sie am Ende
durch Dunkelheit ins Licht.

## Verheißung

Was dir auf der Seele brennt,
kannst nur du selber löschen.
„Nimm mich an die Hand",
sagt der Unsichtbare,
„ich werde dir das Wasser tragen."

# Gesamtkunstwerk

Alles in allem sind wir
wie Blumen auf einer Wiese
groß oder klein
weiß oder bunt
vielleicht sogar duftend

alles in allem sind wir
wie andere Kreaturen
die fliegen und schwimmen
die laufen und springen
zu ihrem Wohlbefinden

alles in allem sind wir
unfassbar in einem Geiste
und fühlen uns
als Gesamtkunstwerk
der himmlischen Schöpfung

# Unsere Sequenzen

In der Gegenwart
spult sich live
das Leben ab

die Vergangenheit
nichts mehr als
ein Sich-Selbst-Erinnern

jede Zukunft
ist ein Ringen
mit Veränderungen

nach der Zeit
nunmehr unendlich
alle Dimensionen

# Der Wege Sinn

Liebe das Leben
und lebe die Liebe

wichtig ist was du
für wichtig hältst

lass deine Träume
zur Wirklichkeit werden

erkenne im Wandel
den Sinn deiner Wege

finde Erfüllung
im ewigen Licht

# Dem Liedermacher
## Udo Jürgens


Dein Plan erfüllt.
Das Leben ausgekostet
bis zu einem
Geht-nicht-Mehr.

Ungelebte Träume
schlummern im Klavier.
Geschenkt hast du der Welt
ein Füllhorn voller Lieder.

Sie funkeln wie die Sterne.
Doch sie verglüh'n,
wenn das Leben ausgekostet
und der eigene Plan erfüllt.

# Sternentalerin

Ich fange Sterne auf
mit meinem Herzen:
Ein liebes Wort,
deine Umarmung,
die Begeisterung.

Es fallen Sterne
mehr und mehr
in meinen Schoß.
Es sind Geschenke
innerer Erkenntnis.

Das Hadern und Erkennen,
der Zweifel und der Mut,
die Hoffnung und die Zuversicht,
die Hingabe und das Erstaunen,
das Wunder des Erwachens.

Und dann in meinem Kopf
das Öffnen dieser Klammer.
Über allem schwebt die Liebe.
Sie ist das Fangnetz
unserer Gedanken.

# Stille Begleiter

Geräuschlos gehen sie durch jede Tür
und stehen unsichtbar an deiner Seite.

Es sind die stillen Boten,
die im Verborgenen wohnen
und auf ihren Einsatz warten.

Sie vermitteln Ahnung und Vertrauen,
fangen auf, wenn man fällt,
geben Halt im Leben.

Doch nicht jeder von uns glaubt an jene
mit den angedachten Flügeln.

# Engel

Meine Engel leben hier auf Erden,
Wegweiser sind sie und Begleiter,
Inspirierer, Glückverteiler,
Seelentröster, Wunderheiler,
Türenöffner fürs Bewusstsein.
Mein allerliebster Engel
hier auf dieser Welt
lebt als göttliches Geschenk
an meiner linken Seite.


# Metamorphose

Du
auf der Insel
im Meer
auf dem blauen Planeten
im Universum
in Händen des Schöpfers
im Wandel
Du

# Wer bist du

Für manche bist du Engel,
für manche bist du Teufel,
für manche bist du Luft.

Es kommt auf den
Betrachtungswinkel an,
der sich stets verändert.

Wahrnehmung zerfließt
bei Verschmelzung
vom Gestern zum Heute.

Geht dann das Licht aus,
steht der Betrachter im Dunkeln.
Er fühlt nur sich selbst.

# Die weite Reise

Das Leben spult sich plötzlich
schneller ab vor deinen Augen

im Wunschkalender
blätterst du die Seiten um

die Bürde mahnt
sie endlich zu entlasten

der Zeiger deiner Uhr
tickt etwas lauter

noch bleibt ein wenig Zeit
die weite Reise einzurichten

im Wald verklingt
der Abschied deiner Lieben

eine rote Rose
winkt dir hinterher

der große Himmel
deckt die kleine Erde zu

und die befreite Seele
schwebt im Licht davon

Wende

# Die Wende

In Siebenmeilenstiefeln
hastet die Wende
sie fordert zurück
was dir geliehen

Es ist deine Welt
in bunter Bemalung
jedoch auch das Wasser
aus salzigen Tränen

Alles verlassen
alles vergessen
und dann als Novum
den Himmel erobern

# Wende im November-Blues

Wenn das Leben seine Farben
eintauscht in ein graues Grau

wenn im Strudel des Geschehens
alle Energie versinkt

wenn der Wille sich verfängt
im Gestrüpp aus spitzen Dornen

wenn der Blutdruck sich verändert
und im Ohr die Stille flieht

wird es höchste Zeit
zum Wenden

Dann nimmt der Weg zum Ziel
wieder langsam Farbe an

dann leuchtet in der Ferne Licht
und leise Stimmen rücken näher

dann stützen plötzlich viele Hände
was dereinst zu fallen drohte

dann kommt ins Gleichgewicht
der neue Tatendrang

# Paradox

Wir leben zwischen Euphorie und Demut,
zwischen Wohlgefühl und Schmerzen.

Auch der Himmel über uns
ändert stets sein Kleid.

Ist es nicht der Wechsel, der das Leben antreibt
und immer mehr nach vorne bringt?

Es ist der paradoxe Gegensatz,
der unsre Welt zusammenhält.

## Seelenfrieden

Bevor ich mich mit dir versöhne,
frage ich dich jetzt: Willst du das auch?
Ich sag es frei heraus:
Es tut mir Leid,
dass alles so geschehen ist.
Bevor ich mich mit dir versöhne,
legen wir gedanklich
unsere Karten auf den Tisch.
Dann schauen wir mit viel Bedacht
in den eigenen Spiegel.

Wie war das Herzgefühl von damals,
und wie ist es heut?
Die Vergangenheit ist abgelegt,
sie kann ruhen, und so soll es bleiben.
Schenkte uns die Zeit in neuer Partnerschaft
nicht viele glückliche Momente?
Lass uns endlich Frieden schließen,
denn das läutert nicht nur unsre Seelen,
sondern lässt die Augen unsrer Kinder
wieder besser leuchten.

# Graue Schleier

Über das Bündel
der Vergangenheit
legten sich graue Schleier,
unter denen die ehemals
leuchtenden Farben
verblassten.

Sichtbar blieben
nur die Konturen,
diese Ecken und Kanten,
auf Dauer
der menschlichen Profile
beraubt.

# Nun geläutert

Er will nicht mehr
schreibt einen Brief
und macht Schluss

Die höhere Macht
stellt ihn zurück
in das Leben

Sie sagt
es gibt noch einen
Auftrag zu erfüllen

Er lenkt ein
polt sich um
und denkt anders

# Prägung

Die Zeit war reif.
Ich stand an der Klippe
und sprang ins Leere.

Als ich von meiner Ohnmacht erwachte,
nahm ich das Netz wahr,
in dem ich hing.

Es ist nicht vorbei,
sagte in mir eine Stimme,
dein Leben bekommt eine Wende.

Altes loszulassen erforderte Kraft,
Neues anzunehmen
verlangte wachsenden Mut.

Einsicht schöpft aus Vergangenem.
Nur so lässt sich verändernd
die Zukunft gestalten.

Zöge ich heute Bilanz, würde ich sagen:
Hartes und Weiches gehören zusammen,
sie prägen das Leben als Ganzes.

# Versöhnung
# und Frieden

Sich versöhnen
mit dem Schicksal
sich versöhnen
mit dem ICH
macht den Weg frei
für den Wandel
stärkt die Basis
für den Frieden

# Versiegter Wille

Mein Wille
bleibt im Ansatz stecken
ich gebe mich
dem Nichtstun hin
bis der Wille
ganz versiegt
und die Seele
fliegen kann

# Reife Zeit

# Quintessenz der drei Lebensstufen

*Das Kind:*
Mit kleinen Schritten in das Leben,
mit großen Sprüngen in die Welt.

*Der Erwachsene:*
Den Liebeshunger stillen,
die eigne Norm verändern.

*Der Alte:*
Das Wesentliche filtern
und als Essenz verduften.

## Gedankengänge (neue Version)

Langsam, ganz langsam
setzt sich die Erkenntnis durch:
ich gehöre nicht mehr zu den Jüngsten.
Und dennoch fühlt das Leben
sich so sehr lebendig an,
auch die vielen Emotionen und all die Liebe
für die großen und die kleinen Dinge.

Manchmal flattert die Erinnerung kurz auf.
Die Vergangenheit ist abgelegt.
Nichts ist verdrängt.
Alles fand sein Gutes in den langen Jahren.
Immer stärker flutet Gegenwart den Raum,
ein Bewusstsein für das Hier und Jetzt.

Konfrontationen mit dem Abschied unsrer Lieben
verstärken umso mehr das Empfinden
für die Kostbarkeit der eigenen Zeit.
Irgendwann werde ich sie selbst erfahren,
diese Endlichkeit, dies Verlangen nach der anderen Welt,
jenes außerirdische Gefühl für den letzten Weg.

Noch möchte ich mich
an der Lebensflamme wärmen,
die die Leidenschaft in mir erweckt
auch für andre Menschen da zu sein.

So bitte ich den Schöpfer unsrer Welt
um Energie und Beistand für das Leben,
das mein eignes Schicksal ist.
Und am Finale sehne ich herbei
den Übergang zur Leichtigkeit,
damit die Seele besser fliegen kann.

## Ehret das Alter

Als alt bezeichnen wir jene,
die älter sind als wir.
Das Alter zu ehren
gelingt uns erst,
wenn wir selbst gealtert sind.
Für die uralten Alten
ist es dann meistens
zu spät.

# Die Bitte

Wenn ich in den Seilen hänge,
bitte ich: Dein Wille mir geschehe.
Lass mich bald
den tiefen Abgrund überwinden.
Wenn ich falle,
fang mich auf.
Schenke mir
das Gleichgewicht zurück
und einen offenen Blick.
Ich möchte gerne meine Welt
mit anderen Augen sehen.

## Demenz

Gedanken drehen
sich im Kreis
sie suchen Halt
im Nirgendwo

Nur ein Lichtblick
bringt dem Greis
den bewussten
Status quo.

## Rückzug

Das Leben verliert seine Farben.
Du blätterst im freudlosen Grau.
Erinnerung reißt sich in Stücke.
Du lehnst dich zurück in die Welt
deiner kurzen Gedanken.

# Klänge des Lebens

Alles ist Schwingung
ein Hin und Her
ein Auf und Ab
ein Hoch und Runter
und immer wieder
das Bestreben
nach dem Wohlgefühl
das Halten der Balance
im Wohlklang zu verharren
für den inneren Einklang
unseres Lebens Ausklang

# Blumen im Wandel

Alle deine Blumen spießen
im Garten der Vergänglichkeit.
Ob groß, ob klein,
hier sind sie alle gleich.
Wie du sie hegst,
wie du sie pflegst,
das liegt in deiner Hand.

Das Sonnenlicht ist
ein Geschenk des Himmels,
die Nahrungsquelle auch.

Das Erblühen strahlt
eine Form von Liebe aus.
Alle bunten Blumen betören
nur vorübergehend unsere Sinne.
Ihr Verwelken lenkt den Blick
auf einen Kreislauf,
den die Ewigkeit bestimmt.

# Nimm es, wie es ist

Sag nicht: *morgen,*
sondern: *heute.*
Sage nicht: *ein letztes Mal.*
Oder kannst du an dem Zeiger drehen?

Nimm das Leben, wie es ist,
fühl' dich gelenkt
durch deine eigene Zeit,
die sich fügt zum Ganzen.

# Vor der Op.

Vorahnung oder Angstgefühl
im Ergebnis sind sie gleich
im bangen Hinblick
auf den Ausgang
verlieren Wichtigkeiten
ihre Ränge

Neuen Platz nimmt ein
die Bitte um Erbarmen
Weiterleben oder Ende
das ist hier die Frage
auf dem goldnen Mittelweg
spürst du sanftes Gleiten

# Neue Chance

Er stand bereits vor deiner Tür,
doch eine andere Macht griff ein.
Die Dunkelheit nahm Farbe an.
Im neuen Licht
erkennst du deine Chance
auf ein zweites Leben.

Manchmal ist es auch
ein drittes oder mehr.
Es fühlt sich an,
als hättest du erneut
einen Auftrag zu erfüllen.
Der Sensenmann muss warten.

# Vergiss mein nicht

Vor mir liegt
ein Weg der Gnade

Er zieht mich
Schritt für Schritt
in seinen Bann

Erfüllte Träume
winken hinterher

In dem Garten
meiner Träume
blüht Vergissmeinnicht

## Reife Ernte

Das Korn ist reif.
Der Halm trägt schwer
an seiner Last.

Bringe deine Ernte heim,
bevor der Wind
die Halme knickt.

## Ausgereift

Ausgereift ist meine Zeit
Früchte bringend
hängt der Herbst
in meinen Seilen

noch hält Lebensmut
die Sinne wach
ich verteile meine Gaben
an den Rest der Welt

# Vorstufe

Auf alles bist du vorbereitet,
nur nicht auf das Ende.

Wenn die Farben
der Erinnerung verblassen,
wird es Zeit,
die Ernte auszuteilen.

Dein letztes Hemd
hat keine Taschen.

# Der Falter

Eiablage
Puppenstadium
Schmetterling
farbenreiche Welt

Im goldnen Herbst
die letzte Süße
müder Falter ruht
im blauen Eis

# Vom Gestern befreit

Sag nicht morgen,
sondern heute,
sag nicht heute,
sondern jetzt.

Vom Staub befreie
nun das Gestern,
lass das Klammern
an dem Ding.

Verschenk' mit offenen Händen
was dir lieb ist
und anderen Herzen
Freude bringt.

Nur das beschert dir
eine Leichtigkeit
für den Weg
zum vorgegebenen Ziel.

## Schrittweise

Schritt für Schritt,
den Blick nach vorn gerichtet,
so überwindest du die Brücken
und die Hindernisse
auf dem Weg ins Licht.

## Arrangement

Verloren ist der Glanz
in deinen Augen.
Die Zeit hat ihre Meilenstiefel an.
Du wirst dich langsam
arrangieren müssen mit dem,
was für dich übrig bleibt.

# Grenzgängig

Wenn die Kräfte langsam schwinden
ab und zu der Geist das Weite sucht

wenn die Töne leiser werden
und die Augen sich nach innen kehren

wenn Erinnerungen an die alten Zeiten
die wahre Gegenwart verdrängen

wenn die Zukunftsplanung
langsam aus dem Ruder läuft

braucht man einen guten Freund
der den Überblick behält

der sich um das Leben kümmert
und der da ist wenn man fällt.

# Kreislauf der Blätter

Schnell verlor sich
das Lindgrün
des Lenzes
im Blätterdach
dieses Sommers.
Später verteilte
der Herbst seine
leuchtenden Farben.
Der Winter
fegte das Laub
von den Ästen
und legte es sanft
an die Füße
des Baumes,
wo es zerfiel,
um verwandelt
als Kraftfeld
die Knospen
im neuen Frühling
zu laben.

# Abgesang

# Abgesang

Das Dasein leben
den Sinn erkennen

den Sturm ertragen
die Wellen glätten

die Speicher öffnen
das Gut verteilen

dem Feind vergeben
den Freunden danken

noch einmal winken
den Liebsten küssen

die Augen schließen
den Himmel spüren

# Mutter

Sie lebte
sie liebte
ich war ein Gedanke

Sie wurde gesegnet
empfing mich
und nährte

Sie teilte ihr Dasein
mit Mann
und Kind

Sie sorgte und heilte
sie ließ mich
gedeihen

Sie übte
im Tun und Lassen
den Einklang

Das Leben
lehrte sie
Halten und Lösen

Allzeit nahe
bleibt sie
dem Herzen

Mein Dank
auf Erden strömt
bis zum Himmel


## Endlichkeit


Meine Bilder
fallen aus dem Rahmen

meine Worte
streifen ihre Flügel ab

meine Dunkelheit
verwandelt sich

in helles Licht

# Die Zeit und Du

Du lebst die Zeit
die Zeit lebt dich

in deinem Seelengarten
*blüht* Vergissmeinnicht

Du lebst die Zeit
die Zeit lebt dich

in deinem Seelengarten
*welkt* Vergissmeinnicht

Du lebst die Zeit
die Zeit lebt dich

in deinem Seelengarten
*stirbt* Vergissmeinnicht

Du warst die Zeit
die Zeit warst du

# Geschlossener Kreis

Hier hat alles angefangen,
hier hat sich
der Kreis geschlossen.

Es war ein Weg
der Angebote, der Entscheidung,
ein Weg für eigenes Tun,
zugleich ein Weg der Sinne,
ein Weg der Liebe
und Barmherzigkeit,
ein Weg der Einsamkeit,
ein Weg des Glücks.

Hier stehe ich mit meinem Leben
und gebe es mit Dankbarkeit
zurück in Gottes Hand.

# Marlies' Abschied

Bezugnehmend auf den Roman
*„ALS die Orchidee verblühte"*

# Die erste Begegnung
## mit der Gelähmten

Glatt gekämmte Haare
umrahmen ihr blasses Gesicht,
jene seidenmatte Haut,
die sich mit der Makellosigkeit
einer Orchideenblüte vergleichen lässt.
Erwartungsvoll mustern mich
zwei lebhafte braune Augen.
Die junge Frau verzieht den Mund
zu einem scheuen Lächeln.
Zart geschminkte Lippen
formen unverständliche Worte.
Der Rest ihres Körpers
bleibt unbeweglich.
Zur Begrüßung berühre ich sanft
ihre kraftlose Hand.
Das Schicksal hatte mich
zu ihrer letzten Pflegerin bestellt.

# Gedanken einer Pflegerin

Viel zu jung ist sie,
doch sie geht bereits
dem Tod entgegen.
Sie weiß es.

Mitleidend, aufopfernd
und liebevoll
umgibt sie ihr Gatte.
Sie dankt ihm.

Ich werde sie pflegen
und helfend versuchen,
den Rest ihrer Tage
zu lindern.

Will teilen mit ihnen
das Schicksal
und bis zur Neige
leeren den Becher.

Was ich büßen müsste,
fragen mich andere.
Selbstlosigkeit
sei nicht normal.

Augen zu, trotz Leid.
Barmherzigkeit ist unmodern.
Die allermeisten
sind sich selbst genug.

## Verwehtes Lied

Ein neuer Sommer breitet seine Arme aus
er überschüttet dich mit bunten Blüten
der Wind streichelt dein Haar

Dein Lied verwehte längst über den Dächern
Tropfen wie Morgentau an deinen Wimpern
matt und getrübt dein Blick

Und immer wieder fällt die Dunkelheit herein
trotz aller Qualen ab und zu ein Lächeln
Hoffnung lässt dich leben

Ich wünsche dir die Sammlung innerer Kräfte
um am Ende jenes Tunnels das ewig helle Licht
der Unsterblichkeit zu sehn

# Gefühle

*(zu ihrem Geburtstag im Juli)*

Was nehme ich mit
in das neue Jahr
Intensive
Gefühle

Es streicheln
Blumen meine Augen
Musik meine Ohren
Sonnenstrahlen meine Haut
deine Liebe meine Seele

Sie erheben mich
aus der Schwere des Lebens
und lassen mich erahnen
den himmlischen Klang

# Am Rand
# des Schweigens

Hoffnungswinde
durchstreifen Halme
wie sanfte Wellen
zerfließen sie
in weiter Ferne
und irgendwo
am Horizont
Vergänglichkeit

Zwischen reifen Feldern
misst du deinen Weg
nur noch in Stunden
der Lebenshunger
ist gestillt
das letzte Flüstern
längst verhallt
am Rand des Schweigens

# Gefangene Seele

Ihr hilfloser Körper
ein leidendes Wrack
das ihre Seele
in Widerhaken
gefangen hält

Lass sie los
diese weinende Seele
die sich in Qualen windet
und uns allesamt
zum Mitleiden zwingt

Lass ihre Seele
endlich entfliehen
damit sie in der Ewigkeit
als neuer Himmelsfunke
leuchten kann

# Ruf des Himmels

Leise öffnet sich
der goldene Vorhang

Sie legt ihr krankes Herz
in den Schoß der Ahnen

Die Erde winkt ihr nach
mit einer Träne

# Abschied

Begnadigt -
Das große Tor
zur Ewigkeit
öffnete
mit leiser Hand
der Tod

# Das Blütenbett

Der Kampf ist aus.
Du hast die Ewigkeit erreicht.
Bekränzt mit bunten Blüten
schläfst du in deinem letzten Bett
auf einem Berg der Kreuze.
Ich decke dich mit Liebe zu.

Obwohl ich weiß,
dass du in tiefer Erde ruhst, ist mir,
als lebtest du nicht nur in der Erinnerung.
Dieses Gefühl stärkt meine Sinne,
und es beschwört mich, das Leben hier
in einem anderen Licht zu seh'n.

In mich gekehrt
lass' ich die Zeit Revue passieren.
Auf deinem Blumenhügel tanzt der Wind.
Schwirrende Insekten lassen sich
an reich gedeckten Tischen nieder,
um ihr kurzes Dasein zu erhalten.

Alles ist vergänglich.
Schon lassen Rosen ihre Köpfe hängen.
Was jetzt nicht welkt, holt sich der Frost.
Der Tod bedeckt den Tod
und verbirgt vor meinen Augen
die Verwandlung deiner Seele.

*Inspirationen*

# Inspiration

Unverhofft, ungeplant
drängt sich dem Dichter
im Halbschlaf
ein Schlagwort auf.
Er nestelt im Dunkeln
nach Stift und Papier,
formt einen Satz
und verliert sich danach
in hundert Gedanken,
bis dann ein Schlusspunkt
zum Ende ruft
und nichts mehr
hinzuzufügen ist.
Fertig!
Der Dichter schläft weiter
und wundert sich morgens
über den Einfallsreichtum
auf seinem Papier
und dass er sich wieder
an gar nichts erinnern kann.

## Spielend ein Buch

Es traf sich der Einfall
mit dem Gedanken.
Wollen wir spielen?
Sie suchten sich Worte,
purzelten Sätze
und füllten mit ihnen
ein Buch.
So einfach ist das.

## Leuchtfeuer

Ideen können sein
wie kleine Funken,
die unser Leben
für kurze Zeit erhellen,
aber die auch schnell verglühen.

Nur Leuchtfeuer
können auf die Dauer
uns die Wege weisen.
Beharrlichkeit der Ziele
wird vorausgesetzt.

# Idee

Plötzlich ist sie da,
die Idee,
schleicht sich durch den Kopf
in das Herz.
Sie wird zur Tat
und malt sich
die Glückseligkeit
in bunten Farben,
bis sie aus dem Traum
erwacht und zerplatzt
wie eine Seifenblase.
Sie hat gelebt,
wurde geliebt
und ist zur Illusion mutiert.

# Verwandlung

Die Traurigkeit
verwandelt sich
in ein Gedicht

aus der Tiefe
meines Herzens
quellen Worte

gefühlsbetont
zwar spärlich nur
doch punktgenau

# Fliegende Werke

Leistungssturz
Wundenlecken
Demutshaltung
Leben setzt sich fort

Der Mensch ist
Wiederholungstäter
er lässt sich treiben
von seiner Innigkeit

Doch seine Werke
fliegen ihm davon
wie lose Blätter
mit dem Wind

# Tanzende Worte

Wie eine Fontaine
drängen die Worte
sich ins Leben,
bringen das Gut-Gemeinte
auf den Punkt.
Während der Schwall
zusammenbricht,
funkeln die Tropfen
im Sonnenlicht
und tanzen beschwingt
durch den Regenbogen
in dein geöffnetes Herz.

# Luftballon des Schreiberlings

Er glaubte,
einen Ball zu werfen,
doch niemand fing ihn auf.
Es war ja nur
ein gasbefüllter Luftballon,
der auf Nimmerwiedersehen
in den Himmel flog.
Energie verpufft.

# Herausgepickt

Meine Werke gleichen
dem gemischten Vogelfutter.
Der Interessierte
pickt sich das heraus,
was er verdauen kann.
Der beste Kern
steckt in der Schale,
die sich öffnen ließe
mit innerer Geduld.

# Gedichte geschenkt

Meine Gedichte
gebe ich frei für jedermann.
Es sind nur kleine Geschenke.
Verpackt sind sie innig
mit einem „Vergiss-mich-nicht".

Manche schweben
als Schmetterlinge
auf Nimmer-wieder-Seh'n davon,
andere fliegen als Samenkorn
direkt in ein Herz.

Ob sie dort keinem
und auch erblühen,
kommt auf den Nährboden an
und auf das Licht,
das im Inneren scheint.

# Echte Briefe

Mein wahres Lebenswerk
sind nicht die eigenen Bücher,
sondern all die Briefe, tausendfach
mit der Hand geschrieben,
vereinzelt später auch verfasst
mit moderner Technik.

Wie einen Schatz
hüten manche Freunde
sie seit vielen Jahren,
schöpfend aus dem Fundus
meiner eigenen Gedanken.
Manchmal finden sie sich
spiegelnd selbst darin.
Auch Erinnerungen werden wach
an vergangene Zeiten.

Briefe sind ein Zeugnis
von gelebter Freundschaft
in der Ferne,
von stiller Zuwendung,
von Verbundenheit,
hürdenlos und ohne Grenzen.

# Ghostwriter

Ein guter Geist
hat meine Hand geführt,
die Seiten meines Daseins offenbart.
Ausgelotet ist die Empfindung
für den Seelenschmerz
und das Glücklichsein.

Vorbei geflogen meine Zeit
in ständiger Veränderung,
wie kleine Wolkenherden,
ziehend durch des Himmels Blau.
Auf den Feldern Segenregen,
der das neue Leben stillt.

# Das Buch im Ei

Mein liebes Buch
ist wie ein rohes Ei,
gelegt in den Gefilden.
Du kannst es kochen
und genießen oder
in die Pfanne hauen.

Vielleicht entspringt der Schale
ja ein kleines Wesen,
das seine Flügel spannt,
nach deinem Herzen greift
und mit ihm glücklich
in die Freiheit schwebt.

# Anhang

## *Sequenzen in Essenzen*

### Kurzfassung von Gedankengängen
### und Sinn-Sprüchen

## Grüße aus der Ferne

Kleine Botschaften die Flügel tragen
schweben durch den Raum
suchen einen Landeplatz
in euren Herzen

## Barometer

Liebe ist ein Balancieren
zwischen Honigmilch
und Pfefferrahm.
Begehren steuert hier
das Gleichgewicht.

## Offenes Tor

Liebe ist der Weg zum Einzug
in das offene Tor des Herzens

## Brauchen oder nicht

Die Geduld braucht lange Arme,
Hoffnung einen langen Atem,
Treue eine lange Leine,
nur die Liebe, die braucht keine.

# Blumen

Liebst du,
verschenke Blumen,
liebst du Blumen,
dann nicht.

# Glück herein

Jenseits der Tür
wartet das Glück
auf dein Herein

# Wundersames Glück

Aus dem Samen wächst ein Wunder
aus dem Wunder wächst ein Glück
aus dem Glück wächst ein Samen
das ist wundersames Glück

# November-Wärme

Am November-Ende
bei warmen Sonnenstrahlen
und Rotkehlchens Gesang
auf einer Bank Melone essen
das ist tief empfundenes Glück

# Wunder

Ein Wunder ist Bares
das unerwartet vom Himmel fällt
als bares Wunder

# Kein Blick

Kein Blick zurück
kein Blick nach vorn
ich nehme deine Hand
spüre deine Wärme
schließe meine Augen
und halte still

# Selbstfindung

Bevor du dich
nicht selbst gefunden hast
kannst du dich
nicht verschenken

# Fundament

Aus der Vergangenheit gelernt
für unser Leben hier und jetzt.
Die Zukunft fordert uns heraus,
sie braucht ein festes Fundament.

## Spiegelblick

Lenkst du deinen Blick
in den Spiegel deiner Seele,
findest du dein wahres ICH.

## Bildbetrachtung

Betrachtest du ein Bild,
löst du dich aus der eigenen Gegenwart
und reist mit den Augen
in die Gedankenwelt eines Anderen.

## Wege suchen

Kriegskinder
schuldlos
suchen Wege
zur Versöhnung
mit der eigenen
Vergangenheit

## Verloren und Gewonnen

alles gegeben
alles verloren
wieder gewonnen
wieder geboren

## Formen

Spuren der Vergangenheit
formen Wege für die Zukunft
in der Gegenwart formst du


## Umweg

Erträumte Wünsche werden wahr
wenn du auch den Umweg adelst


## Das rechte Maß

Einerseits zu wenig,
andererseits zu viel.
Das rechte Maß zu finden
ist eine Lebenskunst.
Wir üben noch.


## In Balance

Schlag dich nicht auf irgendeine Seite
bleib in deiner eigenen Mitte
halte die Gefühle in der Waage

# Verblasster Pfau

Der stolze Pfau
verblasst im Nebel
wenn seine Sonne
nicht mehr scheint


# Erfahrung

Nur wer
aus eigener Erfahrung
Lehren zieht
hat der Welt etwas zu sagen


# Erkenntnis

Reichsein
macht nicht glücklich
doch Glücklichsein
macht reich


# Schmerzfrei

Dringst du in den Kern
des Seelenschmerzes
hört er auf zu existieren

# Heller Weg

Lebenslicht und Hoffnungsschein
leuchten meine Weite aus,
dass mein Fuß den rechten Weg
bis zur Himmelsleiter findet.

# Einschnitt

Der Einschnitt im Leben
lässt Achtsamkeit reifen
und später den Sinn
der Verwandlung erkennen

# Im steten Fluss

Der eine kommt, der andere geht,
das Leben gibt, das Leben nimmt,
um Neues zu gebären.

# Endlos-Schleife

der Anfang ist verknüpft
mit einem Ende
das Ende ist verknüpft
mit einem Neubeginn

# Inhaltsverzeichnis

(mit Seitenzahlen)

## Bewusstsein

## Besinnliche Momente

## Himmlische Impulse

## Wende

## Reife Zeit

## Abgesang

## Marlies' Abschied

## Inspirationen

## Anhang

### Sequenzen in Essenzen

# Kurzbiografien

**Gisela Stumm**, Autorin,

ist ausgebildet und tätig gewesen sowohl im kaufmännischen als auch im sozial-pflegerischen Bereich. Mit ihrer Familie lebte sie im Rahmen der Entwicklungshilfe neun Jahre in verschiedenen Ländern Afrikas.

Nach einer Fachausbildung betreute sie als staatlich geprüfte Altenpflegerin im Ambulanten Dienst der *Diakoniestation Taunus* Pflegebedürftige und Sterbende.

Seit ihrem Fernstudium bei einer Schreibakademie publizierte sie acht Lyrikbände und den Roman *„ALS die Orchidee verblühte"* mit den Inhalten *„Späte Emanzipation - Sterbebegleitung - Lebensglück"*.

Es gibt zahlreiche Veröffentlichungen in Zeitschriften, Tageszeitungen, einem Monatsmagazin, Anthologien, Buchgemeinschaftsprojekten, Hess. Rundfunk, Internet; seit 2010 in Folge textliche Mitbeteiligung am künstlerisch gestalteten *Frauenkalender* (Kaufmann-Verlag).

**Evita Gründler**, Künstlerin,

ist die erste *Frau* weltweit, die mit 84 Bildern eine komplette Bibel illustriert hat (Werke im Original 80 x 80 cm, Acryl auf Holz) und damit ins Guinnessbuch der Rekorde aufgenommen wurde.

Sie ist eine gefragte Künstlerin, erhielt zahlreiche Auftragsarbeiten zu Buchillustrationen und blickt auf viele Ausstellungen zurück.

# Veröffentlichte Bücher von *Gisela Stumm*

(zeitliche Reihenfolge)

**Liebe kennt den Weg zum Garten Eden**
Gedichte und Lyrische Betrachtungen, 60 S.
Verlag: Books on Demand GmbH, Norderstedt
ISBN 3-8334-0031-5 (6,--Euro)

**Unterwegs sind wir alle**
Gedichte und Lyrische Betrachtungen
mit Farbbildern von *Evita Gründler*, 110 S.
Verlag: Books on Demand GmbH, Norderstedt
ISBN 3-8334-2927-5 (12 Euro)

**IMAGES – Auf den Spuren von Marcel Tournier**
Text-Inspirationen zu französischer Harfen-Musik
mit Farbbildern von *Anja Zimmermann*, 52 S.
Druckerei und Verlag Esser, 61276 Weilrod
CD mit impressionistischer Harfen-Musik,
Einspielung von *Morija David*
ISBN 978-3-00-019504-4 (Buch incl. CD: 15,-- Euro)
*(zu bestellen unter der Tel. Nr. 06083-1290)*

**Auf Wellenlänge**
Lyrische Betrachtungen und Gedichte
mit Farbbildern von *Marie von Jan,* 160 S.
Verlag: Books on Demand GmbH, Norderstedt
ISBN 978-3-8391-1528-2 (13,50 Euro)

**Wenn wir reifen**
Lyrische Betrachtungen und Gedichte, 136 S.
August von Goethe Literaturverlag Frankfurt/M.
ISBN 978-3-8372-0998-3 (12,80 Euro)

**Alles unter einem Hut**
Lyrische Betrachtungen und Gedichte
mit Farbbildern von *Evita Gründler*, 152 S.
Verlag: Books on Demand GmbH., Norderstedt
ISBN 978-3-7322-3329-8 (12,-- Euro)

**Mehr Meer**
Lyrische Betrachtungen und bildhafte Eindrücke
mit 34 eigenen Fotos (im schmalen Bilderrahmen), 76 S.
Verlag: Books on Demand GmbH., Norderstedt
ISBN 978-3-7322-9562-3 (10,90 €)

**Herzgestöber**
Liebesgedichte und Frauenpower,  84 S.
Verlag: Books on Demand GmbH., Norderstedt
ISBN 978-3-7386-5690-9 (4.99 €)

**ALS die Orchidee verblühte**
Roman, 468 S.
Verlag: Books on Demand GmbH., Norderstedt
ISBN: 978-3-7448-3478-0 (14,99 €)

FSC
www.fsc.org

MIX

Papier aus ver-
antwortungsvollen
Quellen
Paper from
responsible sources

FSC® C105338